DK 艺术百科系列

乔治亚·
欧姬芙

在一朵花中看见世界

[美] 加布丽埃勒·巴尔康 著　　[英] 乔西·布洛格斯 绘

杜敏研 译

中信出版集团 | 北京

乔治亚·欧姬芙于 1887 年 11 月 15 日出生在美国威斯康星州的一个小镇。她是弗朗西斯和伊达夫妇的第二个孩子。

乔治亚的父母从小就是邻居，住在邻近的农场里。他们都是第三代移民。父亲弗朗西斯一家来自爱尔兰，母亲伊达一家来自匈牙利。他们都很勤劳，每个生活在农场的人都必须如此。

乔治亚继承了父亲的纯真和冒险精神，也和他一样热爱旅行。"当他想看看这个国家时，他就直接出发。"乔治亚曾经这么描述父亲。而在她往后的人生中，她也是这么做的。

你喜欢旅行吗?
你想去哪里,
想看些什么呢?
画出你梦想中的假期场景吧。

母亲伊达是乔治亚的出色榜样。从母亲那里,她学会了专注、坚定和实事求是。乔治亚还有几个弟弟妹妹,他们是快乐的一家人。

乔治亚说，她最初的记忆是躺在一张
被子上，沐浴在灿烂的阳光中。

　　当时她才 9 个月大——母亲不相信她记得那样的事，因为那时她还
太小了，但乔治亚坚持说自己记得。当她开始描述拼布被面的鲜艳色彩
和温妮姨妈的衣裙时，母亲也记起了这些细节。

在另一段幼年记忆里，乔治亚能想起柔软的泥土和马车的木车轮。那辆马车载着乔治亚和她的妹妹们去镇上上美术课。

你最早的记忆是什么呢？

你能把它画出来吗？

乔治亚的童年记忆里充满了色彩。

在人生的前 15 年里，乔治亚每天起床打开门都能看见同样的景色：麦田，麦田，无边无际的麦田。羽毛般的金褐色麦穗连绵不断，在微风中轻轻摇摆，一切都笼罩在无垠的天空下。

仔细观察广阔的地平线，她能看到那条狭长的公路连接着自家的奶牛场和 3 英里外的森普雷里市市区，还能看见风车，也许还有一两只黑鹂鸟。

乔治亚觉得麦田很美。对她来说，麦田就像雪地，只不过黄色的麦田带走了春天的绿色，而白茫茫的雪会带走冬天的灰暗。

你在眺望窗外景色时
会看见哪些颜色？
试试只用这些颜色
画出你周围的风景。

乔治亚和妹妹们每人各有两套连衣裙——一套穿在身上，另一套换洗。这些衣服都是姐妹几人亲手缝制的。乔治亚时常看见洗完的衣服在阳光下随着微风起舞。

放学后，姐妹们负责打理家里的菜田，兄弟几个则在牲口棚里给父亲帮忙。干完活儿，孩子们轮流荡秋千，在干草棚里捉迷藏。有时乔治亚会发明一些游戏，和大家一起玩。

晚饭后，一家人围坐在客厅里。母亲弹着钢琴唱歌，孩子们玩骨牌或者跳棋。之后，他们一起听母亲讲故事。乔治亚最喜欢冒险故事。她特别爱听荒野历险的故事，主角在逃亡和冒险的过程中横穿美国，走进闻所未闻的风景之中。

你有特别喜欢的故事吗？为它画一张插图吧！

乔治亚也经常独自玩耍。她最感兴趣的就是为自己做的娃娃屋创作故事。她会带着娃娃屋跑到田里，一个人在那里玩上好几个小时。

在学校，乔治亚成绩优秀，特别是在美术课上。她还曾因为绘画技巧出众得过奖。然而，艺术创作并不总是轻松的。

13 岁时，乔治亚的美术老师说她把婴儿的手画得太小、太黑了。乔治亚觉得非常难堪，发誓下一幅画要画得比其他人的更大、色彩更明亮。当时，她还不知道这个决定终有一天会震撼整个艺术界。

第二年，一位老师带着一株植物走进了教室。

老师鼓励学生们仔细观察植物独特的颜色和细节。
那是一株乔治亚以前见过的植物，但她从未仔细观察过。
她好奇不已，并深深为之着迷。

仔细观察一株植物。
你看到了什么?
试着把细节画下来。

从这一刻起，乔治亚找到了新的方法去观察
自然界中容易被忽视的部分。

乔治亚想成为一名艺术家，但这并不容易。在 20 世纪初，人们只希望女性从事艺术教育工作，但并不期待她们能在博物馆里举办展览。乔治亚也当过一段时间老师，她工作十分优秀，对学生也很和蔼，积极支持他们的想法。但是，当老师的收入并不理想。

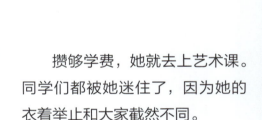

攒够学费，她就去上艺术课。同学们都被她迷住了，因为她的衣着举止和大家截然不同。

乔治亚也曾尝试投身广告行业，埋头绘制复杂的蕾丝花边。但这项工作需要长时间仔细盯着花边看，会严重损害视力。辞去工作时，她如释重负。

后来，乔治亚去了弗吉尼亚大学，开始跟随一位名叫阿瑟·道的艺术老师学习，这完全改变了她的创作轨迹。过去接受的教育让她认为艺术家应该忠实地描摹周围的世界。可阿瑟告诉她，艺术家可以随心所欲地看待和解读这个世界！

这样的想法对乔治亚来说是革命性的。

　　乔治亚天赋过人。只要她抬笔画风车，就可以画得跟她家旁边那个一模一样。她画的蕾丝花边优雅迷人，但凡看见的人都想要买下来。但她还从未按照自己的想法作画。

　　这时，乔治亚开始用炭笔画画。她不再画写实的建筑或者人像，转而尝试一些新东西——用抽象的形状和简单的线条来表达自己当下的感受。

乍看之下，可能无法辨认出这些图画的主题。然而，每幅画中都有一处来自大自然的暗示，比如植物优美的茎秆，还有风景中蜿蜒曲折的线条。

尝试用炭笔和大张的纸作画。
用抽象的形状和线条表现
你看到的东西。

这是乔治亚在尝试表达自己。她在摆脱过往训练带给她的束缚。

除了绘画，乔治亚也喜欢写信。她给朋友们写了一封
又一封信，有时还会把画完的画也一起寄给他们。

1916 年 1 月，乔治亚把一些炭笔画寄给了身在纽约的
朋友安妮塔·普利策。

安妮塔看过乔治亚以前的作品，这种新画风着实让她惊讶不已。"我跟你说，我真的能体会到你想传达的感受！"她在回信中毫不吝啬地给予鼓励。

安妮塔又跟朋友阿尔弗雷德·施蒂格利茨分享了这些画作。阿尔弗雷德是一位有名的摄影师，经营着一家知名画廊。他经常利用自己的画廊举办展览，为这座城市发掘了不少新的天才。

阿尔弗雷德被乔治亚的画打动，决定在画廊里展出其中一部分画作，不过没有事先征求乔治亚本人的同意。

乔治亚听说这件事后非常愤怒，要求阿尔弗雷德将她的画从墙上撤下来。

尽管历经波折，乔治亚的炭笔画最终还是留在了画廊的墙上，画展大获成功。而且，乔治亚和阿尔弗雷德还成了朋友。相隔数州的两人开始互通书信，交流艺术想法和作品。1918 年，乔治亚搬到了纽约市。1924 年，两人结婚了。

　　艺术就是他们的全部世界。

　　阿尔弗雷德给乔治亚拍了一张又一张照，并在自己的画廊里展出。很快，这些照片和乔治亚的作品引起了整个艺术界的注意。

热闹的纽约市成为了乔治亚的灵感来源。她以自己独有的方式描绘所见的一切，例如从 30 层高楼上看到的伊斯特河，白天的布鲁克林大桥和夜晚的摩天大楼……

试着画一张城市白天的景色，
再画一张城市夜晚的景色。
你的笔下发生了哪些变化？

纽约城喧闹而繁忙，到处都是钢筋和混凝土，所到之处人头攒动。尽管如此，乔治亚仍然找到了与大自然联结的方法，找到了她所享受的独处生活。

盛开的鲜花

乔治亚喜欢在城市街道上漫步，逛一逛色彩缤纷的花店。城市里的其他人似乎都太忙了，没人关注鲜花是否绽放，而乔治亚想让他们注意到这些鲜花的美好。她画花的时候，仿佛把画笔当作了一个放大镜。

从未有人像她那样描绘花朵。

卓越花匠

盛开的鲜花

你喜欢城市还是乡村呢？

尝试放大一个小细节，

把它画得很大很大。

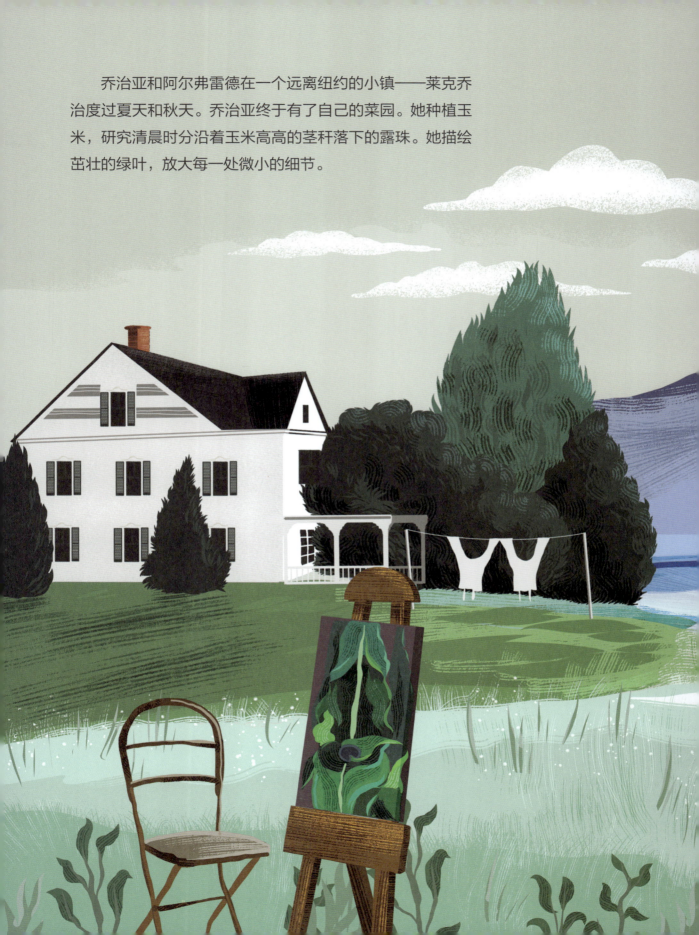

乔治亚和阿尔弗雷德在一个远离纽约的小镇——莱克乔治度过夏天和秋天。乔治亚终于有了自己的菜园。她种植玉米，研究清晨时分沿着玉米高高的茎秆落下的露珠。她描绘茁壮的绿叶，放大每一处微小的细节。

乔治亚还给自己建了一间画室，但她仍然经常带着巨大的画布到户外去。她喜欢尽可能接近自己绘画的主题——身边的大自然。当风暴来袭时，她认真地观察暴风雨，把深灰色的云彩和湖水上方明亮的闪电描绘出来。

抬头看看天空，
尝试把天气画出来。

乔治亚经常画她在自然中发现的东西，从花朵到贝壳。她也画看不见的事物，比如音乐。她和妹妹们很小就学会了识谱和演奏乐器，甚至觉得这些能力仿佛与生俱来。她最喜欢的乐器是小提琴。

她想要挑战用绘画表现音乐，就像在画里表达情感那样。她开始尝试用颜色和形状表现自己听到的节奏与和声。

乔治亚鲜少画人物。画肖像时，她也像画建筑、山岭和花朵时那样，一次又一次回到同一个主题。她最常画的人是博福德·德莱尼。他俩在阿尔弗雷德的画廊里相识，博福德跟乔治亚一样，也是擅长使用鲜艳色彩的画家。

1929 年，42 岁的乔治亚踏上了旅途，她未曾想过，旅行的目的地将成为她永远的家。

一个朋友邀请乔治亚做客，并向她许诺这里有画画的空间，有充满创造力的艺术家相伴，还有广阔的地平线可以观赏。乔治亚从纽约的钢铁森林出发，穿过儿时的麦田，经过许多天的旅程，终于来到了新墨西哥州陶斯镇的高原沙漠。

西部的景色是其他地方无法比拟的。她怎么也看不够那明朗的天空，以及温暖而光滑的土坯房屋——那是用黏土建造的房屋，屋顶平整，以便在炎热中保持屋内凉爽。

在西部，乔治亚感到轻松自在。
她邀请朋友和其他艺术家来家里参观，甚至还学会了开车。
她整天开着一辆破旧的汽车，带着朋友在外驰骋。

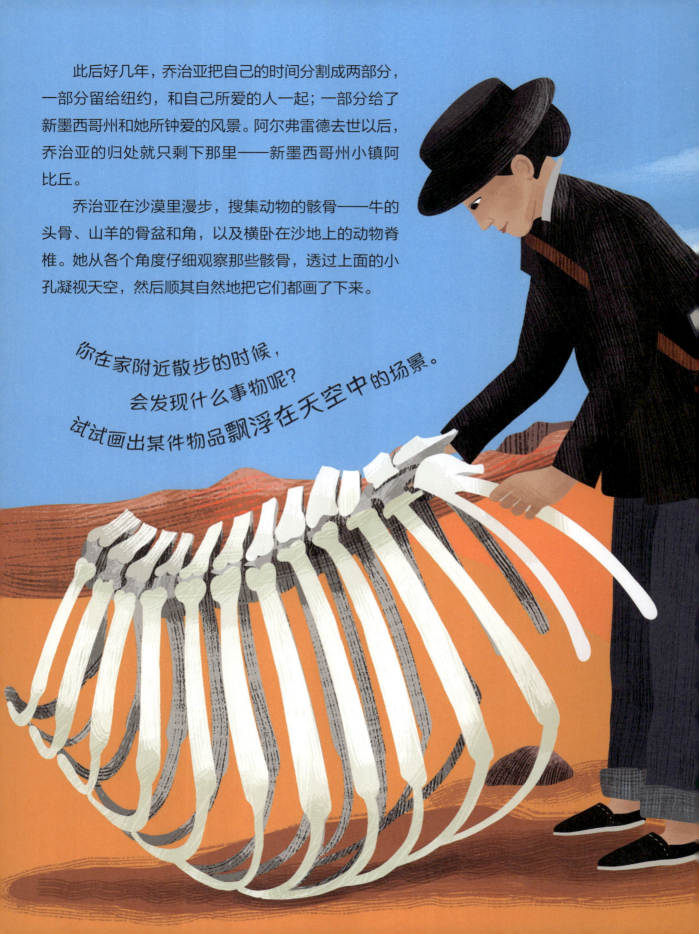

此后好几年，乔治亚把自己的时间分割成两部分，一部分留给纽约，和自己所爱的人一起；一部分给了新墨西哥州和她所钟爱的风景。阿尔弗雷德去世以后，乔治亚的归处就只剩下那里——新墨西哥州小镇阿比丘。

乔治亚在沙漠里漫步，搜集动物的骸骨——牛的头骨、山羊的骨盆和角，以及横卧在沙地上的动物脊椎。她从各个角度仔细观察那些骸骨，透过上面的小孔凝视天空，然后顺其自然地把它们都画了下来。

你在家附近散步的时候，
会发现什么事物呢？
试试画出某件物品飘浮在天空中的场景。

她用前所未有的方式描绘这些骸骨，
把它们画得很大，硕大无朋，
仿佛它们是世界上最美丽的东西。

乔治亚希望能在沙漠的高温下走得更远，工作得更久。
于是，她拆掉了自己那辆旧福特车的座椅，把它变成了一间旅行工
作室。现在，她终于拥有了自己一直渴望的自由。

乔治亚通常我行我素，所以，恐怕连她都没想到自己有一天会同意为一家公司画指定的东西。

夏威夷的一家菠萝公司恳求乔治亚为他们的菠萝田作画，并承诺给她安排一次旅行，费用由公司承担。乔治亚表示自己不感兴趣，除非让她以自己喜欢的方式作画。对方答应了。于是她踏上了旅途。

她搭乘火车，穿越大陆，然后登船。旅途长达 5000 英里，花费了 9 天时间。

到达目的地后，乔治亚被这里美丽的风景迷住了。

起初，她并没有画出菠萝公司想要的东西——一个真正的菠萝，这是因为公司不允许她到田里去，他们觉得一个女人和工人们待在一起不合适。于是，乔治亚只好将行程改为参观岛屿，她第一次吃到了生鱼，并画下了黑色的熔岩山岭和郁郁葱葱的植物。这一切与新墨西哥州的家是如此不同。

直到回到家后，她才终于画出了一个菠萝！

乔治亚一直在旅行——甚至到 70 多岁时仍在继续！她不断探索，寻找新的事物来观察和绘画。

　　她去过墨西哥、南美洲、欧洲、印度和中国。但在这些旅行中，她没有像去新墨西哥州时那样搭火车，也没有像去夏威夷时那样乘坐轮船，而是选择了飞机。她在地球的上空飞行，从全新的角度欣赏下面的土地。

你坐过飞机或者
登上过高层建筑吗？
尝试用鸟瞰的视角画一张画。

乔治亚的最后一批作品画的是从飞机舷窗里看到的云彩。她想要使用比以前更大的画布，于是把它们挂得比自己还高！

她的画很大，大到工作室里都放不下，所以她只能在车库里工作。一部分画布甚至坠断了绷画的木框。为了用颜料盖满画布，她只能从天亮一直工作到夜幕降临。有人可能会觉得画这么大的画很荒唐，但她就是想试试。

　　乔治亚按照自己的方式度过了最后的日子，一如度过整个人生。她散步、种菜、烹饪、阅读、写信，同时努力工作。她最喜欢自家土坯房的屋顶，常常爬上去看星星，有时还在上面睡觉。她从未停止尝试新事物，写了一本书，学了陶艺，还交了新朋友。即使视力开始下降，她也坚持进行艺术创作。

　　去世前，乔治亚要求将自己的骨灰撒遍佩德纳尔——那是她最爱画的平顶山。她的家和花园现在被改建成了博物馆。

　　乔治亚的画作受到无数人的喜爱，但最重要的是，她为自己而画。

乔治亚的哪幅作品
给予你最多启发？

艺术创作
时间表

乔治亚·欧姬芙的独立个性在她的艺术作品中得到了充分体现。她没有被传统束缚，只按照自己的意愿和方式来画画。这些作品都是大都会艺术博物馆的藏品，展现了乔治亚独特艺术风格的形成过程。

1916 《蓝线 X》
纸上水彩和石墨

1915 《素描 XIII》
纸上炭笔

1922 《暴风雨》
纸上粉彩

1925 《灰色的树，乔治湖》
布面油画

1924 《玉米，黑暗，第1号》
木纤维板油画

"世界馈赠予我，
而我的画就是必须回报
给世界的东西。"

——乔治亚·欧姬芙，1940年

时间表（续）

"这需要的不仅仅
是天赋。
它需要一种勇气……
一种气魄，
以及大量艰苦的工作。"

——乔治亚·欧姬芙，约1977年

1928
《从谢尔顿酒店眺望伊斯特河》
布面油画

1930
《新墨西哥州阿比丘附近》
布面油画

1931
《牛头骨：红白蓝》
布面油画

1937 《来自远方，近在咫尺》
布面油画

1944 《骨盆 II》
布面油画

1940 《红色和黄色的悬崖》
布面油画

观察方法

当乔治亚·欧姬芙开始画更逼真的花朵时，她运用的方法已经有了独特的个人风格。她只专注于一朵花的绽放，并将其最小特征放大到巨大的尺寸。或许这是因为她认为，如果能用这些超大细节带来惊喜，人们可能就会放慢脚步，少些匆忙，花更多时间去观察。她在观察树叶、玉米和沙漠中的骸骨时也运用了同样的方法。

"没有人真正注视一朵花，它是如此渺小。我们没有时间，而注视需要时间——就像拥有一个朋友需要时间一样。"

——乔治亚·欧姬芙，1939年

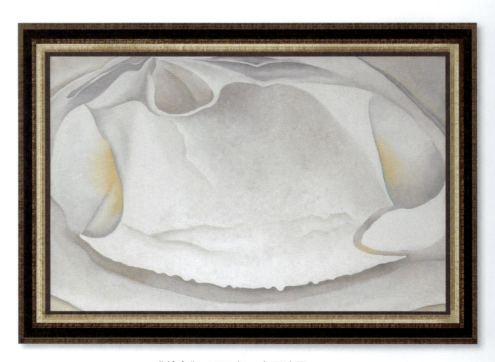

《蚌壳》 1930 年，布面油画

轮到你了！专注于一株植物或一朵花的一个部分，并将它放大到难以想象的大小。你可以使用钢笔、铅笔、粉笔、颜料，或者任何你喜欢的媒介。

《骨盆 II》
1944 年，布面油画

与其画整个物体，不如只关注一个元素。把你正在练习画的东西裁掉一部分，以突出它出人意料的形状。

寻找那些你在远距离下可能注意不到的形状和线条。

《玉米，黑暗，第 1 号》
1924 年，木纤维板油画

在真正进行近距离观察时，你会看到什么？可以使用放大镜或手机摄像头的变焦功能。

动态艺术：捕捉一个瞬间

自然界中并非所有东西都会静止不动，以便艺术家研究每个微小细节。乔治亚挑战自己，试图捕捉像天气这样变化无常的事物，这让她得以重新审视每一个短暂的时刻。

在这幅画中，乔治亚描绘出了她对一场暴风雨的印象。闪电划过画布，形成有棱有角的红色和黄色线条。锋利的边缘切割开占据大部分画面的昏暗天空、云和水，就像一道电光划破夜空。

《暴风雨》 1922 年，纸上粉彩

当风吹来时，观察风中摇动的植物、招牌，甚至某个被吹走的物品所形成的线条和角度。

在雨天，留意水坑映出的斑斓色彩，或者窗户上的雨滴形成的图案。

你也来试试吧！

在晴天，在阴影随光线的移动而变化之前，研究阴影的形状。

轮到你了！ 去捕捉像天气一样多变的事物吧！如果可以的话，到室外去——花园、公园、海滩，或者任何能激发你灵感的地方！

词语表

画布

传统画布是将棉布或亚麻布等材料绷在木框上制成的,
但任何平面——例如一件T恤或一块树皮——都可以做画布。

炭笔

一种黑色、易碎的绘画媒介,类似于粗铅笔。
炭笔通常用于在使用颜料前打草稿,也可以单独使用。

互补色

相邻时看起来更鲜艳而非沉闷的两种颜色。
当你把一种原色与其余两种原色合成的间色放在一起时,就会产生一组互补色。
例如,黄色(原色)与紫色(间色)是互补色,
它们在色相环上处于相对的位置。

构图

艺术家为了表现作品的主题,凸显美感,会在一定的空间里
安排和处理描摹对象的关系和位置,把个别或局部的形象组成艺术的整体,
这些我们称之为"构图"。

绘画媒介

指艺术家用来绘画的工具。

绘画媒介包括各种颜料（如油彩或水彩）、

绘图素材（如炭笔、粉笔或铅笔），以及画布（如木板或纸）。

抽象艺术

一种用形状、线条和颜色来表现真实事物的艺术风格。

这种解读世界的艺术形式对应的是具象艺术。

现代主义 / 现代艺术

19世纪60年代兴起的具有前卫特色的艺术。

与现实主义不同，现代主义画家尝试用各种材料、

技术和图像来表现情感和思想。

现实主义 / 现实艺术

为展现现实生活中的客观世界而创作的艺术。

现实主义艺术家提倡创作应当真实，没有任何夸张。

这种方法在不同时期都有应用，

和抽象艺术一样，都是解读世界的一种艺术形式。

作者简介

　　加布丽埃勒·巴尔康为动物、地理学以及其他自己感兴趣的事物撰写文章。还是印第安纳州印第安纳波利斯市的一名高中生时，她就把自己打扮成乔治亚·欧姬芙的样子，假装香蕉是乔治亚画作中的一块沙漠骸骨。加布丽埃勒现在和她的双胞胎孩子一起在纽约生活。她喜欢为他们的天竺鼠画画，参加藏宝活动。加布丽埃勒感谢所有为艺术家撰写过文章的人，包括乔治亚·欧姬芙个人传记的作者罗克萨娜·罗宾逊。

绘者简介

　　乔西·布洛格斯住在英国约克郡，她最初的职业是平面设计师。从哈德斯菲尔德大学空间设计专业毕业后，她继续从事商业室内设计。乔西喜欢用独特的布局和颜色来创造打动人的插图，并将插图与字型和字体结合，在文字和图像之间创造平衡。不工作时，她的时间用于照顾自己的马、狗和两只猫。

图书在版编目（CIP）数据

乔治亚·欧姬芙 /（美）加布丽埃勒·巴尔康著；
（英）乔西·布洛格斯绘；杜敏研译 . -- 北京：中信出
版社 , 2023.9
（DK 艺术百科系列）
书名原文：What the Artist Saw Georgia
O'Keeffe
ISBN 978-7-5217-5437-7

Ⅰ . ①乔… Ⅱ . ①加… ②乔… ③杜… Ⅲ . ①欧姬芙
(O'keeffe, Georgia 1887-1986)- 生平事迹 - 儿童读物
Ⅳ . ① K837.125.72-49

中国国家版本馆 CIP 数据核字 (2023) 第 046586 号

Original Title: The Met Georgia O'Keeffe: She Saw the World in a Flower
Page design copyright © Dorling Kindersley Limited, 2021
A Penguin Random House Company
© The Metropolitan Museum of Art
Simplified Chinese translation copyright © 2023 by CITIC Press Corporation
All Rights Reserved.

本书仅限中国大陆地区发行销售

乔治亚·欧姬芙
（DK 艺术百科系列）

著　者：〔美〕加布丽埃勒·巴尔康
绘　者：〔英〕乔西·布洛格斯
译　者：杜敏研
出版发行：中信出版集团股份有限公司
　　　　（北京市朝阳区东三环北路27号嘉铭中心　邮编　100020）
承 印 者：北京顶佳世纪印刷有限公司

开　本：889mm×1194mm　1/16　　印　张：3.5　　字　数：55千字
版　次：2023年9月第1版　　　　　印　次：2023年9月第1次印刷
京权图字：01-2023-0876
书　号：ISBN 978-7-5217-5437-7
定　价：38.00元

出　品：中信儿童书店
图书策划：如果童书
策划编辑：晏璐婷
责任编辑：安虹　　　　　　　　　　营销编辑：赵诗可
封面设计：韩莹莹　　　　　　　　　　内文排版：杨兴艳

 www.dk.com

图片出处说明

出版商感谢大都会艺术博物馆授予对其藏品进行复制和插图绘制的许可，
并感谢以下机构或人士授予复制其照片的许可。

（关键词：a- 上图；b- 下图 / 底部；c- 中央；f- 远处；l- 左图；r- 右图；t- 上图）